un
VIAJE
en la
DIRECCION
CORRECTA

reflexiones sobre discipulado para jóvenes

ISBN 978-1-56344-716-7

introducción

Cristianismo. Santidad. Ministerio. Existen preguntas en común sobre estos temas que muchos de nosotros nos hemos preguntado, y además otros han preguntado. Algunos de nosotros nos hemos sentado a reflexionar sobre estas cuestiones, y como ocurre normalmente, terminamos con más preguntas. Nosotros anotamos esas preguntas tambien, para que junto contigo podamos embarcar en un viaje.

Lo que tienes en tus manos es tan sólo el comienzo. Estas son algunas preguntas y el principio de sus respuestas. No se espera que sean completas ni que abarquen todo el tema en cuestion. Realmente están para hacerte pensar un poco. Y que junto con otros en este viaje, y con la ayuda de Dios, podamos descubrir más respuestas.

No hay una manera señalada de cómo usar este material, pero probable- mente funcionaría mejor si exploras estas preguntas y respuestas con otras personas de tu entorno. Lo puedes hacer sentado en los bancos de tu iglesia o en tu cafetería favorita – depende de ti. Todo lo que pedimos es que honestamente busques respuestas más allá de las dadas, y que no dejes de hacerte estas y otras preguntas.

También te pedimos que nos ayudes a desarrollar este material. Si te gustaría transformarlo en un guión y grabar un vídeo, dibujar un comic o escribir tus ideas en un papel, nos encantaría oír de ti. Con tu permiso, nos gustaría compartir tu contribución con otros. Por favor, envíanos tus reflexiones, comentarios e ideas por email para compartirlas con otros que estamos en el mismo camino a journey@eurasiaregion.org – para ver las contribuciones de los demás puedes entrar a www.eurasianazarene.org (el enlace es "resources").

Que Dios nos dé la valentía y perseverancia para hacer las preguntas difíciles a través de nuestro viaje, y la disponibilidad de ir donde las respuestas nos lleven.

Tus compañeros de viaje,
Clive, Ed, Jayme, Kyle, Sabine, Tim y Todd

P.S. Si recibiste este material en inglés e inglés no es tu idioma de preferencia, por favor comprueba con nosotros si las traducciones en tu idioma están disponibles.

un VIAJE en la DIRECCION CORRECTA

REFLEXIONES SOBRE EL CRISTIANISMO

el panorama

1.1 CÓMO ES DIOS

1.2 LA HISTORIA QUE NOS CUENTA LA BIBLIA

1.3 EL ROL DE JESÚS

1.4 LO QUE OCURRE AL FINAL

el propósito de la iglesia

2.1 SIENDO UNA FAMILIA

2.2 DISTRIBUYENDO GRACIA

2.3 CONECTANDO A LAS PERSONAS CON DIOS

2.4 NORMAS Y RELACIONES

REFLEXIONES SOBRE LA SANTIDAD

cualidades de una persona santa

3.1 BUSCANDO A DIOS CON TODO

3.2 BUSCANDO A DIOS COMO A TI MISMO

3.3 BUSCANDO A DIOS DE DIFERENTES MANERAS

3.4 BUSCANDO A DIOS EN TIEMPOS DIFICILES

disciplinas espirituales

4.1 LA ESCRITURAS: LEYENDO & RECORDANDO

4.2 LA ORACIÓN: HABLANDO & ESCUCHANDO

4.3 LOS GRUPOS: CONFESIÓN & CONEXIÓN

4.4 LA QUIETUD: SILENCIO & AYUNO

REFLEXIONES SOBRE EL MINISTERIO

porque hacemos ministerio

5.1 DIOS LO QUIERE

5.2 SOMOS HIJOS DE DIOS

5.3 DIOS ESTá GUIDANDO EL CAMINO

5.4 SOMOS SACERDOTES DE DIOS

a quien ministramos

6.1 A LOS PERDIDOS

6.2 A LOS MáS PEQUEÑITOS

6.3 EL UNO AL OTRO

6.4 AL MUNDO

capítulo uno

CRISTIANISMO: EL PANORAMA

1.1 Cómo es Dios
1.2 La historia que nos cuenta la Biblia
1.3 El rol de Jesús
1.4 Lo que ocurre al final
por Jayme Himmelwright

1.1 Cómo es Dios

P: He oído que a Dios se le describe de muchas maneras (amoroso, juez, omnipresente, en el cielo, vigilante, en acción). ¿Así que, cómo es Dios realmente?

Dios es amor. El amor es la esencia misma de Dios. Permíteme explicarlo. Bien, vamos a profundizar un poco por un minuto. Para amar, debes tener a quien amar, ¿verdad? En Dios, encontramos a tres personas (el Padre, el Hijo y el Espíritu Santo) que se aman entre sí (Juan 17). Dios es un círculo de amor. Esto quiere decir que lo que Dios encarna es amor. Sin embargo, el amor de Dios no es egoísta. Por eso Él no podría estar satisfecho manteniendo Su amor para él mismo. En cambio, el amor de Dios siempre está saliendo de Él para amar a los demás. Es por eso que Él nos creó. Nos creó para amarnos. En Su amor, Dios está siempre buscando relacionarse con nosotros.

Dios es tan grande que nunca podríamos definirlo verdaderamente con nuestro entendimiento y lenguaje limitado. Sin embargo, el amor rodea todos Sus atributos. Este amor es lo que separa a Dios de todo lo demás y lo que lo hace santo. Debemos recordar que este no es un tipo de amor emocional o sentimental. Este es un amor que requiere el negarse a uno mismo y disciplina. Es un amor que es verdad (Romanos 12:9).

Preguntas de discusión

1. ¿Cómo percibes tú a Dios?

2. ¿Ves a Dios en una única forma (por ejemplo, sólo como juez) o puedes ver Sus diferentes dimensiones?

3. ¿Conoces a Dios como amor? ¿Cómo puedes conocer a Dios más completamente?

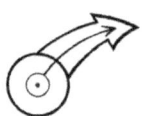

1.2 La historia que nos cuenta la Biblia

P: He leído partes de mi Biblia y no veo la conexión entre los profetas del Antiguo Testamento y los evangelios del Nuevo Testamento, o los Salmos de David y las cartas de Pablo.

La Biblia es la historia de amor de Dios. Dios ha estado trabajando desde el comienzo de los tiempos para que Su creación tenga una relación perfecta. Dios tenía una relación con Adán y Eva, pero ellos rompieron esa relación con Él, y la relación continuó rota por generaciones. Entonces, Dios escogió la familia de Abraham, los Israelitas, para ser Su pueblo especial. Dios no hizo esto porque sólo los amaba a ellos ni porque había perdido la esperanza con el resto del mundo. En cambio, Él le dio a los Israelitas una responsabilidad especial. Ellos tenían que mostrarle al resto del mundo quien era Dios para que las otras naciones y pueblos pudiesen tener una relación con Él (Génesis 12:2-3, Éxodos 19:5b-6). Sin embargo, los Israelitas no hicieron un buen trabajo. Ellos se alejaron de Dios, así que Dios les dejó tener reyes que los guíen (1 Reyes 8:41-43, Salmos 67:1-4). Aún así le dieron sus espaldas a Dios, y Dios envió a los profetas para advertirles, pero ellos no escucharon (Isaías 2:2-4, Isaías 66:18-21, Jeremías 1:5).

Luego, Dios hizo el mas grande acto de amor posible (Juan 3:16; 1 Juan 4:9-12). Él vino a la tierra en forma humana para restaurar la relación entre Dios y la humanidad. Jesús obsequió al mundo dos cosas importantes para ocupar Su lugar cuando se marchó. Primero, nos dio al Espíritu Santo – la misma presencia de Dios con nosotros todos los días – para ayudarnos a tener una correcta relación con Dios. Segundo, estableció la Iglesia. La iglesia es ahora el pueblo de Dios. Nosotros tenemos la responsabilidad especial de mostrarle al mundo quien es Dios, para que puedan tener una relación con Él (Mateo 28:18-20, Hechos 1:8).

El resto del Nuevo Testamento es la historia de cómo más y más personas entraron en una correcta relación con Dios a medida que la iglesia crecía. Finalmente, en Apocalipsis, tenemos un panorama de lo que será un día – todas las naciones reunidas delante de Dios—el cumplimiento del Amor de Dios (Apocalipsis 5:9-10, 7:9-10). Como verás, la Biblia es una historia continua de la amorosa búsqueda de Dios por todas las personas.

Preguntas de discusión

1. ¿Cómo relacionas las perspectivas que tienes de Dios en el Antiguo Testamento a las perspectivas que tienes de Dios en el Nuevo Testamento?

2. ¿Crees que Jesús vino a revelarnos a Dios más completamente y añade otra perspectiva?

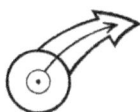

1.3 El rol de Jesús

P: Entiendo que Jesús murió por mis pecados, pero ¿es esa la única razón por la cual vino a la tierra?

Jesús fue completamente Dios y completamente humano. (No te preocupes. No tienes que entender esto totalmente. Es un misterio en el que creemos). Por lo tanto, Jesús nos reveló a Dios y a la humanidad.

En primer lugar, Jesús nos mostró quien es Dios verdaderamente (Lucas 10:22, Juan 14:9, Juan 17:6). Por primera vez en la historia, la humanidad fue capaz de ver a Dios en una forma concreta y física. Fuimos capaces de conocerle mejor, de amarle y de estar en una relación con Él. En segundo lugar, Jesús nos mostró lo que la humanidad tendría que haber sido. Génesis 1:26 dice que fuimos creados a imagen de Dios.

Esto quiere decir que éramos capaces de tener relación con Dios y con otros. Jesús nos mostró y enseñó cómo es estar en perfecta relación con Dios y vivir en una relación desinteresada y amorosa con los demás (Marcos 12:29-31). Nos mostró cómo usar el poder y los recursos de forma generosa. Nos mostró cómo seremos un día. Nos dio una imagen de cómo seremos en la eternidad y nos enseñó cómo vivir en el presente (Juan 17).

Finalmente, Dios no nos abandonó al ascender Jesús al cielo. En cambio, Dios, el Espíritu Santo, permaneció con nosotros para capacitarnos para vivir en una correcta relación con Dios y los demás (Juan 14:15-20). "Para que habite Cristo por la fe en vuestros corazones, a fin de que, arraigados y cimentados en amor, seáis plenamente capaces de comprender con todos los santos cuál sea la anchura, la longitud, la profundidad y la altura, y de conocer el amor de Cristo, que excede a todo conocimiento, para que seáis llenos de toda la plenitud de Dios" (Efesios 3:17-19).

Preguntas de discusión

1. ¿Qué aprendemos por medio de Jesús acerca de Dios?

2. ¿Qué aprendemos por medio de Jesús acerca de lo que la humanidad tendría que haber sido?

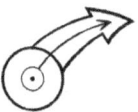

1.4 Lo que ocurre al final

P: Tengo amigos que son buenos pero no son cristianos. No entiendo cómo Dios puede castigarlos a ellos, y no a los malos cristianos que hay en la iglesia. ¿Hay esperanza para ellos?

Esta es una pregunta difícil. Sinceramente, pienso que sólo Dios conoce la respuesta. Podemos ver ambas partes. Dios es amoroso y misericordioso, y aún así Él es también justo. "Jehová, tardo para la ira y grande en misericordia, que perdona la iniquidad y la rebelión, aunque de ningún modo tendrá por inocente al culpable" (Números 14:18a).

Dios es justo. Hay muchas parábolas y enseñanzas que nos hablan del juicio final. Muchas Escrituras afirman que pocos entraran al cielo (Mateo 7:13-14, 1 Pedro 4:18). La Biblia también nos dice que Jesús es el único camino al Padre (Juan 14:5-6, Hechos 4:12).

Por otro lado, Dios es amor. ¿Mostrará Dios misericordia? ¿Mirará Dios las intenciones del corazón? ¿Su justicia considerará las circunstancias (Romanos 2:12-16)? La Biblia nos dice "que en nombre de Jesús se doble toda rodilla de los que está en los cielos, y en la tierra, y debajo de la tierra; y toda lengua confiese que Jesucristo es el Señor, para gloria de Dios Padre" (Filipenses 2:10-11). No creo que podamos poner a Dios en una "caja" y limitar lo que Él puede hacer o lo que hará. Dios es el juez definitivo, y el Dios de esperanza.

Lo que sabemos con certeza es que a través de Jesús somos salvos (Juan 3:16). En esta vida, debemos vivir para Dios y compartirlo con otros. Dios, en Su sabiduría, sabrá qué hacer con aquellos que no le han aceptado.

Preguntas de discusión

1. ¿Tenemos que entender completamente todo sobre Dios?

2. ¿Cómo podemos vivir con el misterio?

capítulo dos

CRISTIANISMO: EL PROPÓSITO DE LA IGLESIA

2.1 Ser una familia
2.2 Compartir la gracia
2.3 Conectar a las personas con Dios
2.4 Normas y relaciones

por Ed Belzer

2.1 Ser una familia

P: Hay algunas personas en mi iglesia que me vuelven loco. ¿Realmente tengo que ir a la iglesia y estar con ellos?

Sí. ¿Siguiente pregunta?

¡Es broma! De hecho, fuimos creados para relacionarnos los unos con los otros, y Dios quiere tener una relación con nosotros. Las relaciones, sin embargo, son difíciles. Sólo dale un vistazo a nuestro mundo: hay conflictos por todas partes. Y a veces ese conflicto ocurre en la iglesia, hasta el punto de haber personas en la iglesia que nos vuelven locos. No estás solo. Esa es una buena pregunta con la que debemos luchar.

Regresemos al contexto del gran mandamiento que Jesús nos dio en Mateo 22:34-40. Para nosotros, ser y hacer lo que Dios nos ha llamado a ser y hacer, únicamente puede suceder cuando amamos a Dios con todo nuestro corazón, alma y mente. Una vez que empezamos a amar a Dios de esta manera, entonces empezamos a tener la habilidad de amar verdaderamente lo que Dios ama: a las personas.

Cuando tengo que tratar con personas que me vuelven loco, pienso en el hecho de que Dios creó a cada uno de nosotros a Su imagen y semejanza (Génesis 1:26). Así que cada persona, a pesar de su apariencia, perspectiva, actitud, conducta, temperamento o lo que sea, fue creada por Dios. Dios les ama tanto que fue capaz de morir por ellos. Tengo que recordar esto para poder empezar a tratar con la gente me vuelve loco en mi iglesia.

Se nos ha ordenado amar a todos; sin embargo, esto no quiere decir que debemos ser mejores amigos con todo el mundo. Esto quiere decir que debemos hacer lo mejor posible por estar "en paz" con aquellos en la iglesia.

Echa un vistazo al capítulo 4 de Efesios. En este capítulo, Pablo nos da algunas buenas ideas para ayudarnos a tratar con gente en la iglesia. Muchas veces he tenido que regresar a este capítulo y hacerlo mi oración vez tras vez. El versículo 2 realmente nos habla con respecto a nuestra relación con otros. Y he llegado a esta conclusión: sabía que sería difícil estar rodeado de no cristianos (saben, la idea de que los pecadores hacen cosas pecaminosas). Así que sabía que requeriría esfuerzo, que tomaría mucha paciencia y amor estar rodeado de gente fuera de la iglesia. Pero tenía la idea que iba a ser más fácil estar rodeados de gente en la iglesia.

Pero luego, en el versículo 3, las palabras de Pablo me confrontaron en esto: "solícitos en guardar la unidad del Espíritu en el vinculo de la paz." Él dice que tomará esfuerzo, trabajo, y que no sería necesariamente fácil llevarse bien con todos.

A veces es más difícil estar rodeado de personas a quienes amamos más, porque los conocemos demasiado bien. Conocemos sus debili-dades, sabemos quiénes son de verdad, y la verdad es que todos ten-emos algo en nuestras vidas que tiende a molestar a otros.

Hay personas en mi familia que me vuelven loco, pero siguen siendo mi familia. La Iglesia es el cuerpo de Cristo, la "familia de Dios." Debemos hacer todo lo posible por vivir en paz con todos.

Preguntas de discusión

1. ¿Quiénes son los que te vuelven loco, y por qué?

2. ¿Qué "imagen de Dios" ves en sus vidas?

3. ¿Qué cosas en la vida de esas personas puedes apreciar?

4. ¿De qué formas puedes orar por ellos?

5. ¿Qué cosas de tú vida podrían volver loco a otros?

2.2 Compartir la gracia

P: Jesús parecía compartir mucho y perdonar a algunos de las personas peores y marginadas. ¿Cómo puede la iglesia ser más cómo Jesús?

Es absolutamente correcto que Jesús vino y compartió con las peores personas de la tierra. Podemos leer acerca de esto en la historia de Zaqueo que vemos en Lucas 19:1-10. Jesús sabía que la gente "murmuraba" porque él estaba pasando tiempo con "pecadores." Y Jesús les dijo, "El Hijo del Hombre vino a buscar y a salvar lo que se había perdido."

Tenemos que recordar que uno de los propósitos de la iglesia es el de alcanzar a aquellos que no conocen a Jesús. Es fácil para la iglesia con-vertirse en un lugar seguro donde los miembros se pueden esconder y estar a salvo. Sin embargo, tenemos que tratar con algunas realidades. Si tú como cristiano te juntas con gente "pecadora," uno influenciará al otro. Puede que tú lo acerques a Cristo o que ellos te alejen de Cristo. ¿Eres lo suficientemente fuerte como para influenciar a otros hacia Cristo o, más bien, ellos te alejarán?

Cuando era adolescente, no podría haber pasado tiempo en los bares rodeado de alcohol. No era lo suficientemente fuerte para superar la tentación. Hoy en día, el alcohol no es una tentación para mí, y el estar rodeado de él no me influencia en absoluto; de hecho, siento compasión por las personas cuyas vidas están controladas por esta sustancia.

En la iglesia, tenemos un gran desafío: alcanzar a las personas para Cristo y luego ayudarlas a crecer en la fe.

Muchas iglesias son buenas evangelizando, pero a la hora de discipular les cuesta. Pero no se trata de solo ver a alguien "ser salvo" y ya está; sabemos que hay toda una vida de aprendizaje y crecimiento en nuestra fe. Puede parecer más emocionante alcanzar a als personas para Cristo, pero también queremos ver a las personas crecer y mantener su fe hasta que lleguen al cielo.

En Hechos, leemos la historia de la iglesia primitiva. Lucas reporta que 3000 fueron añadidos a la iglesia en un día. Luego reporta que se reunían cada día para partir el pan, orar y estudiar las enseñanzas de los apóstoles (Hechos 2:42). Necesitamos estar cimentados en la fe en Cristo Jesús; luego podremos pasar tiempo con las personas que necesitan desesperadamente a Jesús.

La realidad es que la iglesia tiene personas en todos los niveles de espiritualidad. Algunos sólo están examinando lo que significa ser un cristiano, algunos simplemente han aceptado a Cristo, algunos están creciendo en su fe, y algunos están profundamente comprometidos y son cristianos conscientes a quienes podemos considerar como maduros. Debemos estar continuamente alcanzando a gente nueva, y luego ayudarles a crecer en su fe.

Hay muchas formas en las que podemos ejercitar nuestra fe y alcanzar gente como iglesia. Una de ellas es ofrecerse voluntariamente como iglesia o grupo de jóvenes para ayudar en un ministerio para alimentar a las personas de la calle. He oído acerca de un grupo de jóvenes que recaudaba dinero cada mes para proveer apartamentos para las mujeres que intentaban salir de la prostitución. Puede ser tan simple como acompañar a aquella persona que se sienta siempre sola en el comedor.

Preguntas de discusión

1. ¿Cuáles son las tentaciones más grandes que enfrentas?

2. Si tendrías que juntarte con tus "peores" amigos, ¿Quién influenciaría a quien?

3. ¿A qué estudiantes de tu escuela le vendría bien un amigo como tú?

4. ¿Qué ideas podrías compartir con tu iglesia para alcanzar a los que te rodean?

2.3 Conectar a las personas con Dios

P: Mi iglesia tiene muchos conflictos y discusiones acerca de los estilos de alabanza y la forma en que hay que vestirse para ir a la iglesia. ¿No hay algo más importante que la iglesia debería estar haciendo?

Siento mucho que parezca que nuestra iglesia se enfoca tanto en discutir acerca de los estilos de alabanza y cómo nos vestimos para adorar a Dios. La Iglesia fue creada para ser la voz, manos y pies de Jesucristo. Como iglesia, nuestro deber es representar a Cristo en el mundo; eso es lo que "deberíamos estar haciendo." Se puede resumir en dos frases: "Amar a Dios" y "Amar al prójimo."

Tu pregunta, me parece a mí, es realmente esta: ¿Cómo podemos adorar a Dios genuinamente como iglesia y cómo podemos amar a los demás verdaderamente?

Las llamadas "guerras de adoración" han estado por años, preguntando cómo adoramos a Dios mejor. Parte de la razón por la cual existan estas "luchas" es que todos tenemos diferentes maneras en las que nos parece que podemos conectarnos mejor con Dios. La generación actual tiende a conectarse mejor con Dios a través de bandas musicales. El peligro es que podemos caer en empezar a adorar el "estilo" en vez de a Dios.

Tiene que haber algún nivel de aprendizaje y crecimiento en nuestras vidas. Todas las generaciones tienen cosas para compartir y aprender el uno del otro.

Cómo nos vestimos puede parecer muy trivial a primera vista; sin embargo, puede ser un tema muy profundo. Por ejemplo, cuando aprendes a jugar al fútbol, repasas las reglas básicas del juego. Cuando realmente entiendes las limitaciones y directrices del juego, se vuelve naturales para ti (por ejemplo, controlar el balón, los pases, etc.) Luego puedes trabajar en las jugadas y otras cosas de un nivel mas alto.

A veces parece que le damos mucha importancia a las cosas pequeñas. La realidad es que si en la iglesia fuéramos verdaderamente sólidos en las cosas básicas de lo que la iglesia debería estar haciendo, y de cómo deberíamos vivir nuestras vidas, entonces podríamos ocuparnos de otras cosas. En algunas culturas, la gente cree que debemos darle lo mejor a Dios, así que es por eso que se visten con las mejores vestiduras. En otros lugares tienen la mentalidad de "ven como eres" porque "lo que importa es el corazón." Necesitamos un balance entre estos dos pensamientos.

Mira en Hechos 6:1-7. Los desacuerdos en la iglesia primitiva tenían que ver con la distribución de la comida y la necesidad de predicar y enseñar. Algunos discípulos fueron llamados a dirigir las alabanzas, otros a ministerios de compasión. ¿Qué es lo más importante? Sólo esto: que necesitamos mantener el propósito e importancia de la adoración, cómo ministramos, y cómo representamos a Cristo en nuestro mundo.

En la adoración no solo le damos a Dios nuestra atención y afecto – que es algo que Dios disfruta – sino que también ocurre en un espíritu de unidad que fortalece nuestros lazos con otros creyentes, y Dios también disfruta. Es la forma en que nos identificamos con Cristo y Su iglesia. Es a través de la adoración que Dios nos provee a cada uno de nosotros de la gracia que necesitamos para sostenernos en nuestra vida cristiana. Esa gracia nos capacita para ver al mundo como Cristo lo ve y para ministrarlo como Cristo lo ministraría.

Preguntas de discusión

1. In what style of worship service do you feel closest to God?

2. Do you remember a time when all generations came together and you saw the overpowering presence of the Holy Spirit?

3. In what setting do you worship? "Give God your best", or "come just as you are"?

4. Does what you wear to church distract others from worshipping God or cause people to focus on you?

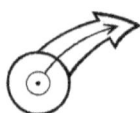

2.4 Normas y relaciones

P: Mi iglesia parece tener un sin número de normas. ¿Es esto realmente lo que Jesús deseaba cuando creó la iglesia?

Definitivamente la esencia de la iglesia no son las normas. Sin embargo, es importante comprender que nuestro Dios es un Dios de orden. To-mate un tiempo y lee Levítico y veras lo ordenado que es Dios. Lee el libro de Números y descubrirás que Dios es muy específico; Él quería saber exactamente cuántas personas había en cada tribu.

Personalmente no me gusta la palabra "normas" o "reglas" cuando se trata de la iglesia. Me gusta más el concepto de "directrices" o "limitaciones" o "márgenes." En el fútbol, ¿te imaginas jugar en un campo sin límites? Sería una experiencia interesante para los jugadores empezar el juego y ver como alguien patea el balón al estrado y que aterrice justo en las piernas de un espectador. Algunos jugadores de ambos equipos correrían hacia el espectador para ver qué equipo se queda con el balón. La gente de alrededor se llevaría algunas patadas porque los jugadores irían en busca del balón.

Esto nunca ocurrirá porque los jugadores saben que tienen que jugar con ciertas limitaciones, y cuando el balón sale fuera de los límites, ellos paran la jugada al silbato y comienzan de nuevo. Es realmente divertido ver un gran partido que se juega dentro de los límites.

Dios también nos ha puesto límites en nuestras vidas, y parte del ministerio de la iglesia es ayudarnos a descubrir cuáles son esas limitaciones en nuestras vidas. Nuevos retos afloran con cada generación y en cada cultura, y nuestro desafío es descubrir cómo vivir como Cristo en la actualidad.

A Jesús se le preguntó: "¿Cuál es el gran mandamiento?" (Mateo 22:3440). Los fariseos que hicieron esta pregunta realmente no lo querían saber; fue para tentarle. La "ley" no nos fue dada para convertirla en una lista de reglas que debemos seguir legalistamente, sino como una guía que nos ayuda a saber cómo amar a Dios y a nuestro prójimo.

Les voy a dar un ejemplo. Cuando mi esposa era niña, su padre le dio instrucciones de nunca dejar golosinas en su habitación. La razón por la cual le dio instrucción era porque en el área donde vivían había hormigas que amaban los dulces. Bueno, mi esposa no hizo caso y dejó un paquete abierto de chocolates en su cama. En la noche, cuando se acostó para dormir, ¡no estaba sola en la cama! No pasó mucho tiempo y ella estaba cubierta de hormigas y por varios días cargó las picadas en su cuerpo. Esta "regla" fue dada para proteger a Lori; no fue sólo una lista de normas que seguir.

Si sientes que la iglesia solo te está dando un montón de normas que cumplir, ¡te desafío a que le eches un vistazo a tu corazón espiritual! ¿Estás realmente buscando a Dios y queriendo convertirte en todo lo que Dios pretende para ti? ¿Has estado viviendo fuera de las limitaciones que Dios te ha puesto y Él ahora está poniendo algunas líneas para ayudarte a ver dónde estás?

Te desafío a que encuentres a alguien en tu iglesia y hables sobre las cosas que te parecen "normas" y pregúntale, "¿Por qué es esto una norma?" Descubre las razones que están detrás de las directrices e intenta entenderlas. Creo que podrás apreciar el corazón y espíritu detrás de esa regla.

Preguntas de discusión

1   ¿Qué normas parecen irritarte más?

2.   ¿Sabes por qué tu iglesia tiene esa norma? (Si no, ¡descúbrelo!)

3.   ¿Has dado algunas vez alguna norma o directriz a alguien y no te respondió bien? Habla con una amigo sobre cómo te sentiste.

capítulo tres

SANTIDAD: CUALIDADES DE UNA PERSONA SANTA

3.1 Buscando a Dios con todo
3.2 Buscando a Dios como a ti mismo
3.3 Buscando a Dios en diferentes maneras
3.4 Buscando a Dios en tiempos difíciles

por Clive Burrows

3.1 Buscando a Dios con todo

P: Así que Jesús dijo que el gran mandamiento es amar a Dios con todo el corazón, mente, alma y cuerpo. ¿Cómo hago eso?

Jesús dijo esto en respuesta a los maestros religiosos quienes le preguntaron cuál era el más grande mandamiento de todos (Mateo 22:37, Marcos 12.30, Lucas 10:27). A pesar de que hay 613 mandamientos reconocidos hasta el momento, Jesús no escogió ninguno de ellos como el más importante. En cambio, Él citó uno de los más conocidos y memorizados del Antiguo Testamento (Deuteronomio 6:4-5): "Oye, Israel: Jehová tu Dios nuestro Dios, Jehová uno es. Y amarás a Jehová tu Dios de todo tu corazón, y de toda tu alma, y con todas tus fuerzas."

Jesús cambió el enfoque en las normas, leyes y observancias, y decidió enfocarse en la relación. En lugar de darnos meramente un "mandamiento clave" para obedecer, Jesús nos invita a responder a Dios con un amor adorador. El amor es el centro de la relación.

Juan describe como nuestro Dios maravilloso, único, asombroso, quien es absolutamente santo, derrama de Su amor sobre nosotros (1 Juan 3:1a) apasionada e incondicionalmente.

El amor de Dios no es un amor sentimental pero es un amor activo y transformador que busca nuestro amor en respuesta. Sólo cuando aceptamos o recibimos Su "amor transformador" es que podemos amarlo en respuesta (1 Juan 4:8b-10, 1 Juan 4:16b).

Sólo podemos amar a Dios con todo nuestro corazón, mente, alma y cuerpo cuando permitimos que Su maravilloso y transformador amor llene nuestros corazones y vidas completamente.

Esta es la obra del Espíritu de Dios, pero requiere nuestra disponibilidad para recibirlo y rendirnos a Su Señorío. Otra palabra para esto es "consagración": "entregar todo lo que conozco de mí mismo a todo lo que conozco de Dios." Dios no retiene Su amor por nosotros y por eso nos pide que le amemos sin reservas, con todo lo que somos, tenemos y deseamos. Quiere más que solo algunas partes de nuestras vidas. Él busca un amor completo e integral, no un amor compartido. Cuando permitimos que Cristo sea el Señor de nuestras vidas, entonces nuestro amor egoísta se convierte en un amor centrado en Cristo.

Ama a Dios, tu Dios, con todo tu corazón. Ámalo con todo lo que hay en ti. ¡Ámalo con todo lo que tienes!

Cuando hacemos esto, el resto, los mandamientos, reglas, etc., encuentran su lugar. En el evangelio de Lucas, Jesús va más allá al añadir, "ama a tu prójimo como a ti mismo." Esta es la extensión de esta relación y amor. Cuando recibimos el maravilloso amor de Dios y le respondemos con verdadero amor, entonces queremos amar a los demás de la manera en hemos sido amados.

Preguntas de discusión

1. Las palabras de Jesús vinieron de uno de los pasajes más conocidos del Antiguo Testamento. ¿Qué es más importante que conocer cosas acerca de Dios?

2. ¿Por qué es más importante una relación con Dios que los códigos de práctica y el cumplimiento de reglas?

3. ¿Por qué es importante amar a Dios con más que la parte espiritual de nuestras vidas?

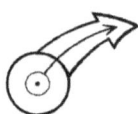

3.2 Buscando a Dios como a ti mismo

P: Tengo un montón de basura en mi vida que probablemente no hace muy feliz a Dios. ¿Cómo puedo limpiar esas partes de mi vida para ser un mejor cristiano?

Esta es una buena pregunta porque reconoce que los cristianos a menudo tienen "desperdicios" o cosas en sus vidas que entristecen y defraudan a Dios.

En el inicio de esta pregunta, "¿Cómo puedo…?", está la clave. La verdad es que nosotros ¡no podemos! La tendencia humana es "arreglar nuestras vidas nosotros mismos." A veces podemos parcialmente tener éxito en cambiar algunas cosas, pero esos cambios tienden a estar en la superficie. Es imposible que nosotros podamos "limpiar nuestras acciones" suficientemente como para hacer que Dios nos acepte o que esté feliz. En cambio, debemos entregarnos a Dios y dejar que sea Él quien cambie y transforme nuestras vidas completamente.

Para tratar con el verdadero problema de la basura en nuestras vidas necesitamos que Dios nos ayude a tratar con lo que causa o permite que entre esa "basura" (o pecado).

Juan lo pone de esta manera: "pero si andamos en luz, como él está en luz, tenemos comunión unos con otros, y la sangre de Jesucristo su Hijo nos limpia de todo pecado. Si decimos que no tenemos pecado, nos engañamos a nosotros mismos, y la verdad no está en nosotros. Si confesamos nuestros pecados, él es fiel y justo para perdonar nuestros pecados y limpiarnos de toda maldad" (1 Juan 1:7-9).

El primer paso es reconocer que tenemos basura (pecado) en nuestras vidas, aún como cristianos, porque cuando lo reconocemos o confesamos, también le estamos pidiendo a Dios que haga algo. Necesitamos venir ante Dios tal como somos – como nosotros mismos. Cuando venimos ante Dios con una actitud honesta, reconociendo nuestro pecado, entonces Dios, quien es misericordioso, amoroso y fiel, perdonará nuestros pecados. Esto nos quita la culpabilidad y responsabilidad, mientras que el Espíritu de Dios obra en un nivel más profundo y transformador para limpiar nuestras vidas de lo que causa la basura y pecado, cambiando y purificando nuestras profundas actitudes egoístas y auto-gratificantes.

Esto no solo cambia nuestro comportamiento (lo que ocurre en el nivel superficial de la vida), sino que cambia nuestros pensamientos, actitudes y disposición, lo que gobierna y determina quien somos y lo que hacemos. Ya no somos egoístas sino que Cristo está en el centro y Él es verdaderamente el Señor de nuestras vidas. Pero Juan también enfatiza que una vez perdonados y limpios, necesitamos vivir de manera diferente. "Andad en la luz, como él está en luz... tenemos comunión unos con otros, y la sangre de Jesucristo nos limpia de todo (cada) pecado." Así que necesitamos la ayuda de Dios no sólo para tratar con el problema del pecado y sus causas; también necesitamos Su continua ayuda para vivir vidas Cristo-céntricas.

Pablo también nos asegura esto cuando escribe, "Que el Dios de paz los mantenga completamente dedicados a su servicio. Que los conserve sin pecado hasta que vuelva nuestro Señor Jesucristo, para que ni el espíritu, ni el alma, ni el cuerpo de ustedes sean hallados culpables delante de Dios. Él los eligió para ser parte de su pueblo, y hará todo esto porque siempre cumple lo que promete" (1 Tesalonicenses 5:23-24, LBLS).

Preguntas de discusión

1. ¿Qué tipo de basura impide que los jóvenes sigan completamente a Cristo?

2. Si Jesús nos acepta tal como somos, ¿está bien seguir siendo igual y sólo pedirle perdón en cada ocasión que me equivoco?

3. ¿Qué hay de malo en intentar solucionar nuestras propias vidas antes de seguir a Jesús?

4. ¿Por qué es tan importante continuar viviendo una vida Cristo-céntrica así como es recibir perdón y limpieza en primer lugar?

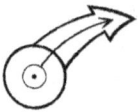

3.3 Buscando a Dios en diferentes maneras

P: Siento que no gano mucho al leer la Biblia y la iglesia me aburre. ¿Hay algo más para un cristiano que leer la biblia e ir a la iglesia?

Ciertamente hay mucho más para un cristiano que leer la Biblia e ir a la iglesia: lo principal de ser un cristiano es tener una relación con Cristo. Cuando tenemos la relación correcta, entonces la lectura de la Biblia y la adoración toma un nuevo significado, profundidad y entusiasmo. Esta relación con Cristo debe ser la prioridad. Pablo describe su relación con Cristo de esta manera: "ciertamente, aún estimo todas las cosas como pérdida por la excelencia del conocimiento de Cristo Jesús, mi Señor, por amor del cual lo he perdido todo, y lo tengo por basura, para ganar a Cristo" (Filipenses 3:8).

Frecuentemente, Pablo nos habla de la vida de un cristiano como una experiencia "en Cristo". Esto significa que Cristo debería vivir completamente en la vida del cristiano y que los cristianos deberían vivir sus vidas en una manera completamente Cristo-céntrica, llegando a ser cada vez más como Cristo en lo que son como personas, en cómo piensan y en lo que hacen.

El corazón de las Buenas Nuevas es nuestra relación con Jesucristo, el Hijo de Dios. No se trata, en primer lugar, sobre los cultos de la iglesia, la adoración formal y la disciplina devocional, sino que es acerca de una relación con Dios que es viva, dinámica y creciente a través de Su Hijo por el poder del Espíritu Santo.

Cuando la relación está establecida, y es la prioridad, entonces leer la Biblia y ser parte de una iglesia adoradora empieza a tomar un nuevo significado, interés y entusiasmo.

La lectura de la Biblia deja de ser una disciplina aburrida; se convierte en parte del deseo de "conocer a Cristo" que Pablo describe como la "excelencia del conocimiento de Cristo".

Para tener una relación real con Cristo necesitamos conocerle. Es imposible tener una relación profunda con alguien que conocemos solo superficialmente. Pablo hizo que la prioridad de su vida sea conocer a Cristo más y más – nosotros deberíamos hacer lo mismo.

Pero la Biblia no es el único lugar donde podemos encontrarnos con Cristo y conocerle. Lo hacemos cuando vivimos por Él, siguiéndole y obedeciéndole. También aprendemos a conocer a Cristo al adorarle junto con otros que tienen la misma relación con Él y están en el mismo viaje porque son parte de Su familia. Cristo nos llama a ser parte de Su familia para formar parte de una comunidad que le adora. La iglesia existe para adorar de forma significativa a Cristo juntos y escuchar la voz del Espíritu de Dios al hacerlo. No sólo aprendemos por nuestra cuenta sino que lo hacemos juntos como comunidad.

Esto no quiere decir que la adoración no pueda ser relevante, significativa e inspiradora para todas las edades y grupos - ¡debería serlo! Pero podemos contribuir mas cuando somos participantes y no solo espectadores. Debemos permitir que el Espíritu de Dios nos ministre a través de la adoración.

Preguntas de Discusión

1. ¿Qué crees que significa "conocer a Cristo" y cómo podemos hacer que sea una búsqueda de por vida?

2. ¿Qué podrías hacer para hacer que la adoración sea más relevante e inspiradora para ti y tus colegas?

3. ¿Cuáles son los mayores obstáculos que tienes para leer la Biblia y cómo podría cambiar esto?

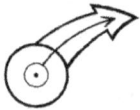

3.4 Buscando a Dios en tiempos difíciles

P: Mi amigo acaba de morir y Dios parece estar tan lejos. ¿Hay algo que puedo hacer para sentir la presencia de Dios otra vez?

Las experiencias devastadoras de la vida nos golpean en un profundo nivel emocional y pueden anestesiar nuestros sentimientos o convertirlos en tumultos de furia y hacer que nos sintamos distantes de Dios. Nuestros sentimientos pueden traicionarnos y convencernos de que Dios está ausente, que no se preocupa, que no es capaz o que no desea ayudarnos. Es importante que recordemos que es normal sentirse así – muchas veces es parte del proceso de dolor.

De hecho, todos pasamos por momentos como estos, momentos de sequedad espiritual o falta de conexión con el Señor Jesús. La causa puede ser un pecado gradual que hemos permitido en nuestras vidas que se convierte en una barrera entre nosotros y el Señor; o a veces es simplemente un asunto de fatiga. Cuando las emociones se confunden, pueden hacernos sentir muy lejos de Dios aunque no lo estemos. La causa también puede ser una crisis como el desánimo.

Las emociones solas nunca son una medida válida de espiritualidad. Es maravilloso experimentar grandes subidas emocionales, pero no podemos basar nuestra relación con Cristo en señales o respuestas emocionales.

¿Qué hacer cuando Dios parece estar muy, muy lejano? ¿Qué hacer cuando intentas leer la Biblia pero parecen simples palabras sin significado? ¿Qué hacer cuando tratas de orar pero no te puedes concentrar o conectar y sientes que estás perdiendo el tiempo? ¿Qué hacer? ¿Cómo recuperar esa intimidad con Dios?

Concentrémonos en un punto clave: el camino para intimar con Dios no se basa en el conocimiento, ni en rituales o trabajo duro, sino en la obediencia. Jesús dijo en Juan 14:21, "El que tiene mis mandamientos, y los guarda, ése es el que me ama; y el que me ama, será amado por mi Padre."

La obediencia es la clave para restablecer la intimidad con Dios. Observa lo que dice antes en el pasaje: "el que me ama, mis mandamientos guarda." Y entonces recibimos la promesa – Jesús y el Padre vendrán y se darán a conocer de forma real en respuesta a nuestra obediencia. Cuando te encuentres decaído y te sientas distante de Dios, abre la Biblia y dile a Dios, "Ahora mismo no lo siento, pero cualquier cosa que lea, la tomaré con seriedad y buscaré la manera de responder (obedecer) y ponerla en práctica." Determina obedecer cualquier cosa que veas en el pasaje. Esto te ayudará a restablecer tu espiritualidad y reenfocarte en la dirección correcta. No existe una formula fácil o instantánea, pero cuando empezamos a enfocarnos en obedecer, la intimidad y frecuentemente las emociones comienzan a regresar. Abre tu Biblia, lee un párrafo o dos, y luego, de formas específicas, responde. Ama a Dios y a las personas. Y creo que verás que Dios se revela a Sí mismo.

Preguntas de discusión

1. ¿Qué nos enseña la historia de cuando Jesús calma la Tempestad (Marcos 4:35-41) sobre el amor de Jesús y su preocupación por nosotros en tiempos difíciles?

2. ¿Por qué es peligroso confiar en nuestros sentimientos y emociones al entender y experimentar la presencia de Dios?

3. Pablo dice que la "fe" es un don de Dios. Viene del generoso amor y gracia de Dios. Cuando nuestra fe está limitada y débil, ¿Qué podemos hacer al respecto?

4. En todas las relaciones hay momentos de silencio. ¿Qué debemos hacer para superar cuando Dios parece estar en silencio?

capítulo cuatro

SANTIDAD: DISCIPLINAS ESPIRITUALES

4.1 Las Escrituras: leyendo y recordando
4.2 La Oración: hablando y escuchando
4.3 Los Grupos: confesión y conexión
4.4 La Quietud: silencio y ayuno
por Todd Waggoner

4.1 Las Escrituras: leyendo y recordando

P: No entiendo mucho cuando leo la Biblia. ¿Hay un problema con la biblia, conmigo o con la manera en que leo mi Biblia?

Voy a suponer que el problema está en cómo lees tu Biblia. Creemos que la Biblia es la Palabra inspirada de Dios, buena y útil para todos los cristianos (2 Timoteo 3:16). Entonces el problema no es la Biblia. Dicho esto, podrías ver si tienes a tu disposición otra traducción o versión de la Biblia. La Biblia también nos dice que mucho de la fe cristiana es locura a los que se pierden (1 Corintios 1:18). Pero el hecho de que estés preguntando esto me hace saber que tú no eres el problema tampoco. Dios dice busca y encontrarás (Deuteronomio 4:29, Proverbios 8:17, Mateo 7:7) y claramente tú estás buscando. Así que déjame ayudarte a descubrir cómo mejorar tu tiempo de lectura bíblica.

Lo primero que debemos recordar cuando leemos la Biblia es que, mientras más leas, mejor será para ti. Cuando estudias la Biblia es bueno concentrarse en un capítulo, versículo o palabra, pero cuando quieres leer la Biblia la meta debería ser ver cuántos capítulos puedes leer de una sentada.

Otra cosa que debes recordar cuando trates de leer tu Biblia es que realmente leas la Biblia. Es impresionante cuanto tiempo los cristianos pasan leyendo otros libros sobre la Biblia, sobre cómo leer la Biblia, sobre cómo ser un buen cristiano o libros cristianos de ficción. Deja de leer libros acerca de la Biblia y sólo lee la Biblia. Y no te rindas si es difícil o parece improductivo. Para muchos de nosotros, leer se está convirtiendo en un arte perdido. A menudo, leer parece raro y dificultoso. No te rindas. Mientras más leas, más condicionaras tu mente para comprender el impacto de leer.

Esta es otra forma para que mejores tus hábitos de lectura: La mayoría de los cristianos leen su Biblia cuando algo no anda bien en sus vidas y buscan respuestas en la Biblia. Una manera mucho más productiva de leer tu Biblia es leerla cuando te va bien, entonces, cuando surja un problema, puedes volver a los pasajes que recuerdes sobre algún personaje que haya pasado por lo mismo. Por ejemplo, si estas pasando por tiempos de tentación vuelve a las historias de José (Génesis 39) o de David (2 Samuel 11). Pasando por tiempos de temor, ve a las historias de Daniel (Daniel 6) o de los discípulos (Mateo 8). En tiempos de liderazgo, mira las historias de Moisés (Éxodos 18) o de Pablo (Hechos 15).

Finalmente, no le tengas miedo al Antiguo Testamento. Muchos de nosotros pensamos que el Antiguo Testamento es un poco intimidante. Los nombres, lugares y tradiciones parecen antiguos y podemos sentir que no las entenderemos. Sin embargo, la mayor parte del Antiguo Testamento son historias, y las historias son universales. A pesar de no poder comprender completamente las diferencias culturales y costumbres de los personajes, podemos relacionarnos con sus emociones. Y los personajes de Antiguo Testamento son muy sensibles. Ellos se asustan, preocupan, avergüenzan, alegran y confunden. Se ríen a carcajadas con gozo, lloran de dolor y animan a sus amigos. Estas son cosas con las que todos nosotros nos podemos relacionar y son historias que enriquecen nuestras vidas y hacen que la lectura de la Biblia sea mucho más divertida.

Preguntas de discusión

1. ¿Qué puedo hacer para mejorar el lugar y la forma en que leo mi Biblia?

2. De acuerdo a la situación por la que estoy pasando, ¿con qué personaje bíblico me puedo relacionar?

3. ¿De qué maneras ha usado Dios la Biblia para hablarme en el pasado?

4. ¿Cómo puedo apartar un tiempo de mi día para leer mi Biblia?

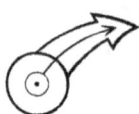

4.2 La Oración: hablando y escuchando

P: Los cristianos hablan mucho sobe la oración, pero cuando yo oro no es-cucho nada. De hecho, siento que estoy hablando conmigo mismo como si estuviera loco. ¿Pueden ayudarme?

En primer lugar, quiero que sepas que no estás solo. En segundo lugar, esto no quiere decir que todo está bien. Ser cristiano significa tener una relación con Dios. Y la oración no es más que hablar y oír a Dios. La oración es la manera de comunicarnos, y la comunicación es lo más importante para mantener una relación viva y saludable. Es una de las cosas que no podemos dejar. Veamos algunos obstáculos que debemos superar.

La oración más conocida que Dios contesta en la Biblia es el clamor por ayuda. Éxodos comienza diciendo, "he oído el clamor de mi pueblo" (Éxodos 3). Muchos de los Salmos no son nada más que David clamando por ayuda con sus enemigos (Salmos 17, 28, 55, 102, 143 y más).

Jesús cuenta la historia de un pecador que clama "ten misericordia de mi" y recibe la misericordia que busca (Lucas 18). Demasiado a menu-do, venimos delante de Dios con arrogancia y le ordenamos que haga algo por nosotros o que nos dé lo que pedimos. En la oración venimos humildemente con las manos vacías delante de un Dios que es generoso al dar. Si quieres que Dios responda a tus oraciones deja de decirle que es lo que quieres que haga por ti y simplemente ven ante Él clamando por ayuda.

La otra parte de la oración que es lo que muchos de nosotros simple-mente ignoramos es escuchar la respuesta de Dios. Aunque Dios a veces se manifiesta en Su poder y grandeza, como en el torbellino en Job 38, muchas veces nos habla apaciblemente y con compasión. Como con Elías, Dios se nos acerca como una suave brisa que susurra verdad a nuestras almas (1 Reyes 19). Debemos aprender a sentirnos cómodos con el silencio y en lugares silenciosos si deseamos oír lo que Dios nos está diciendo. Es por eso que los devocionales matutinos tienen tanto sentido para los que vivimos en ciudades. Necesitamos venir a Dios antes que comience todo el tumulto de la gente, las bocinas de los coches y los gritos de los vendedores si queremos oír el susurro de Dios.

Otra lección que podemos aprender con la oración es que necesitamos ser persistentes. Jesús cuenta la historia de una viuda que se presenta delante un juez cada día pidiendo justicia (Lucas 18). Finalmente, el juez se da cuenta lo importante que es la justicia para esta viuda a quien había estado despidiendo todos los días y le concede lo que ella había estado suplicando. Jesús nos desafía a venir ante Dios de esa misma manera. Esto nos puede ayudar a comprender lo que realmente es importante para nosotros. Pensamos que queremos algo, pero si no estamos dispuestos a seguir orando por ello, realmente luchar por ello, venir delante de Dios y suplicarle todos los días, ¿verdaderamente lo queremos? ¿Acaso el padre que tiene a su hijo enfermo y muriendo en el hospital pide a Dios orando una vez solamente? No, él ora sin parar, una y otra vez, pidiendo la misma cosa cada minuto del día, esperando que Dios haga algo.

Otra forma de oír a Dios es pidiéndole las cosas que quiere darnos, no la cosas que nosotros queremos. Si quieres escuchar que Dios te diga 'sí', no ores pidiendo el último juguete o artilugio. En cambio, pídele a Dios que te use. Ve delante de Dios como un siervo disponible buscando dirección y oirás a Dios hablándote mucho antes.

Finalmente, es posible que al orar te sientas incomodo porque estés pasando por un tiempo de sequía espiritual. Para la mayoría de los cristianos es normal pasar tiempos en sus vidas cuando Dios no parezca estar tan cerca como antes. Las oraciones no son contestadas como solían serlo. La Biblia no nos habla como nos hablaba antes. Esto es normal, pero no quiere decir que te des por vencido hasta que Dios parezca estar cercano de nuevo. No, porque Dios usará esos momentos para que nos demos cuenta lo importante que él es para nuestras vidas. Sigue orando, leyendo tu Biblia y haciendo las otras disciplinas espirituales. Dios recompensará tu fidelidad con Su presencia.

Preguntas de discusión

1. ¿Cuánto tiempo al día paso hablando con Dios?

2. ¿Cuánto tiempo al día paso escuchando a Dios?

3. Cuando oro, ¿paso más tiempo pidiendole a Dios lo que yo quiero o le pido que me muestre lo que Él quiere?

4. ¿Cómo puedo crear más momentos en silencio en mi día para oír mejor a Dios?

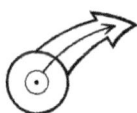

4.3 Los Grupos: confesión y conexión

P: Estoy cansado(a) del Cristianismo que es solo acerca de "Jesús y yo". ¿Qué podemos hacer en la iglesia o con el grupo de jóvenes para crecer en nuestra fe?

Tu deseo de moverte de una fe individual a una fe grupal es una meta muy noble. La Biblia es "nuestra historia". En el Antiguo Testamento, a Dios le interesa crear una nación de los Israelitas, no sólo una relación con un judío. Y en el Nuevo Testamento Jesús inicia su ministerio escogiendo a 12 seguidores (Marcos 1). Así que es bueno que sientas que Dios te esté empujando a tener una fe grupal. Pero debo advertirte que no será fácil. Mientras hayan más personas, habrán más opiniones. La manera en que lidies con estas diferencias marcará la diferencia. Aquí te doy algunas herramientas útiles.

La primer cosa por la cual el grupo debe ser conocido es el amor. Jesús dijo, "En esto conocerán todos que sois mis discípulos, si tuviereis amor los unos con los otros" (Juan 13:35). Si el grupo no se lleva bien, si no congenias con la persona con la que estas en desacuerdo, entonces no esperes que el grupo glorifique a Dios. Y si las metas de tu iglesia o grupo de jóvenes no son el traer gloria a Dios, entonces necesitas reevaluar las metas. El amor por los demás es nuestra manera de demostrar nuestro amor por Dios.

Lee las epístolas del Nuevo Testamento como guía. Pablo, Pedro, Juan y otros escribieron sus epístolas a las iglesias primitivas que estaban pasando las cosas que tu grupo pasará. Conflictos, problemas de liderazgo, membresía, metas y mucho, mucho más se menciona en las epístolas del Nuevo Testamento. Presta atención a frases como, "unos a otros". Esta es la manera que Pablo tiene de decir "asegúrate de hacer esto". La lista incluye: saludarse unos a otros (1 Corintios 16:20), animarse unos a otros (1 Tesalonicenses 5:11), educarse unos a otros (Romanos 15:14), llevar las cargas de otros (Efesios 4:2), amarse unos a otros (1 Pedro 1:22).

Para que tu grupo tenga éxito, necesitas crear un grupo donde reinen la gracia y la paz. Pablo inicia sus 13 epístolas con estas dos palabras. La gracia y paz crearán un grupo donde las personas con diferentes opiniones puedan coexistir. La gracia y paz crearán un grupo donde los nuevos se sientan aceptados en vez de juzgados. La gracia y paz crearán un grupo donde los sueños de Dios podrán echar raíces. La gracia y paz crearán grupos donde los corazones sean transformados. La gracia y paz crearán grupos donde el perdón reine sobre la culpa. La gracia y paz crearán un grupo donde los miembros quieran volver cada semana y las personas nuevas se quieran unir.

Finalmente, y probablemente esto es más difícil, tu grupo necesita crear un tiempo para confesar la fe y un tiempo para confesar los errores. Las confesiones de fe, o testimonios, hacen dos cosas. Primero, recuerdan a los demás que Dios se está moviendo, se está moviendo en las vidas de las personas, que Dios está contestando las oraciones, que Dios está todavía usando las Escrituras para darnos palabras nuevas. Segundo, la confesión de fe provee verdades que no son debatibles. Alguien puede no estar de acuerdo con lo que el pastor dice en su sermón, pero no te pueden decir que lo que tú experimentaste nunca ocurrió. Las confesiones de los errores, o disculpas, también son necesarias. En cualquier momento que un grupo se reúne, las personas pueden salir ofendidas

o dolidas. Cuando esto ocurre, alguien tiene que decir "lo siento" antes que el dolor se convierta en amargura o ira. Un lugar y momento donde las personas puedan decir, "he sido herido" y donde otros puedan decir "lo siento" será una señal de la gracia y paz y donde la ira se convierte en amor. Y el amor es lo que trae gloria a Dios.

Preguntas de discusión

1. ¿De qué maneras creativas puedo mostrar gracia, paz, amor y apoyo a otros en mi iglesia o grupo de jóvenes?

2. ¿A quién necesito perdonar en mi iglesia o grupo de jóvenes?

3. ¿A quién necesito decir que lo siento en mi iglesia o grupo de jóvenes?

4. ¿Qué sueños tiene Dios para nuestra iglesia o grupo de jóvenes que no podría haberlo hecho yo mismo pero que requiere la ayuda de todos?

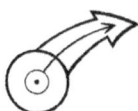

4.4 La Quietud: silencio y ayuno

P: Mi vida es muy ocupada. ¿Hay algo que pueda dejar de hacer para fortalecer mi caminar cristiano?

La respuesta es simple: sí. Desde el comienzo (Génesis 2), Dios nos ha llamado a tomar tiempo para el descanso, para la quietud, para el Sabbat. Así que tu deseo de dejar de estar tan ocupado es un impulso bueno y santo. Pero, aún, si tomas un día de Sabbat cada semana, hay momentos en el resto de la semana en los que querrás incorporar momentos de quietud y descanso. Los cristianos a través de la historia han dejado de hacer cosas para fortalecer su fe usando las disciplinas de silencio y ayuno. Aquí hay algunos pensamientos que te ayudarán a iniciarte en estas disciplinas espirituales.

Conoce tu motivación. Si estas molesto con tus padres y escoges dejar de hablarles, esa no es la disciplina espiritual de silencio. Saltarse una comida para perder un par de kilos es una dieta, no ayuno espiritual. El propósito de todas las disciplinas espirituales es para aplicar a nuestras vidas Santiago 4:8 (Acercaos a Dios, y él se acercará a vosotros). Si te tomas esto seriamente, muchas cosas ocurrirán.

Lo primero que ocurrirá es que conocerás mejor a Dios. Salmos 46:10 dice, "Estad quietos y conoced que yo soy Dios". Cuando buscamos lugares silenciosos y estar en quietud, la susurradora voz de Dios y el sutil toque del Espíritu se vuelven fáciles de reconocer.

Parte de buscar silencio es llegar a estar en calma. Y cuando estamos en calma nos damos cuenta de mucho más. Esto es porque el significado aumenta con el tiempo. Por ejemplo, si vas a un museo de arte y miras una pintura por sólo unos segundos, notaras los colores, formas o personajes en el cuadro. Pero si observas el mismo cuadro por unos minutos u horas empezaras a notar verdades más profundas. Verdades como la forma en que los colores interactúan unos con otros, que el artista realmente usa diferentes tonalidades de colores y no uno solo, que la pintura tiene textura, que el artista pone grandes detalles en el fondo que no notaste antes, la manera en que los personajes en el cuadro interactúan unos con otros. De la misma forma, cuando llegamos a estar en calma notamos mucho más sobre nuestro entorno. Parte de ser un cristiano maduro es simplemente ser consciente de donde estamos (Colosenses 4:2) y de preguntarse "¿Cómo puede Dios usarme aquí?"

Una tercera lección que aprendemos al buscar silencio y ayuno es ver que tan egoístas realmente somos. Cuando ayunamos una comida y nos sentimos hambrientos, nos ayuda a recordar a todos aquellos que sólo comerán una comida al día y las millones de personas menos afortunados que se irán a cama con hambre cada día. Al escoger no hablar, encontramos una conexión con aquellos discapacitados y que tampoco pueden usar sus sentidos. De repente, nos hacemos uno con los ciegos, sordos, mudos y cojos.

Si aún tienes problemas en crear un lugar de quietud, intenta salir de la ciudad (si es que vives en la ciudad) o alejarte de toda la gente del pueblo. Cuando nos rodeamos de edificios, coches u otras cosas creadas por el hombre, o aún mucha gente, es fácil pensar sobre la grandeza de la humanidad. Pero, nuestra meta es pensar sobre la grandeza de Dios (Deuteronomio 32:2, Lucas 9:43). Así que ve a algún lugar donde te rodees con lo que Dios creó. Quizás, árboles creados por Dios u otras cosas que crezcan en la naturaleza donde vives, montañas, el océano, animales creados por Dios. Aléjate de las televisiones o radios, dramas familiares o amigos. Busca a Dios únicamente con quietud a través del silencio y ayuno y estoy seguro que encontrarás lo que estás buscando.

Preguntas de discusión

1. ¿Cuándo fue la última vez que me tomé un verdadero Sabbat (día de descanso) y estuve simplemente quieto(a)?

2. ¿Dónde podría irme para rodearme de la creación de Dios?

3. ¿Qué podría mostrarme Dios si realmente tomo tiempo en echar un vistazo a mi vecindario, escuela e iglesia o grupo de jóvenes?

4. ¿Qué cosas podría cortar de mi vida y agenda para crear momentos de silencio y ayuno?

capítulo cinco

MINISTERIO: PORQUE LO HACEMOS

5.1 Dios lo quiere
5.2 Somos hijos de Dios
5.3 Dios está guiando el camino
5.4 Somos sacerdotes de Dios

por Sabine Wielk y Tim Evans

5.1 Dios lo quiere

P: ¿Le preocupa a Dios o quiere que yo haga algo sobre la deuda externa de los países más pobres, la crisis del SIDA, el hambre mundial o la pobreza extrema?

¡Definitivamente! ¡Le preocupa! ¿Cómo podemos amar a nuestro prójimo – algo que Jesús dijo que era fundamental (Mateo 22:37-40) – sin que nos importen este tipo de dilemas que forman la realidad de nuestras vidas? Todos estamos conectados. Y a pesar de que "estar conectados" es diferente en cada lugar, ninguno de nosotros vivimos en aislamiento. Puede ser el mendigo que cruzas cada día en la calle pidiendo un poco de agua o comida. Puede ser un niño de la calle a quien le haría falta una camiseta y pantalones limpios. O cuando vas de compras y miras la etiqueta para ver donde se hicieron las cosas. A veces dice que fueron hechas en tu país, y a veces al otro lado de nuestro gran mundo. Con esa conexión – cualquier forma que tu le quieras dar – simplemente observando a las personas que se cruzan en tu camino, a través de Internet o en las noticias – todo viene con una responsabilidad. Puedes hacer de cuenta que el mendigo no está ahí. Pero lo seguirás viendo.

Podrías ignorar que el niño de la calle necesita tu ayuda, pero cuando te mira pidiendo ayuda, ¿Qué le contestas? No puedes hacer de cuenta que todo el mundo está feliz. No puedes vivir tu vida ignorando a las personas que te rodean, los conductores de los autobuses que tomas, quien cocina la comida que comes, quien produce las cosas que compras. ¿Te importan ellos? ¿Amamos a estos vecinos, ya sea que vivan a pocos metros de nosotros o más lejos?

¿Y qué significa "amar"? Las cosas mencionadas en la pregunta parecen abrumadoras. Nadie por sí solo puede solucionar los desafíos descritos. Así que ¿Dónde comenzar? A través de las Escrituras Dios ha llamado a su pueblo para que sea un pueblo que ame la misericordia, que actúe justamente y viva humildemente delante de Él (Miqueas 6:8). ¿Puede ser ese el inicio? Mira Isaías 1:16-17, Salmos 10, Mateo 5, Lucas 4, 1 Juan 3:16. Cuando explores los evangelios, ¿a qué Dios ves? ¿Cómo trata Jesús a las personas con las que se encuentra? ¿Por quienes se interesa?

5.2 Somos hijos de Dios

P: Escucho mucho acerca de ser "salvo versus no salvo" en mi iglesia, y la gente dice que necesitamos que los impíos sean cada vez más como no-sotros. ¿La razón por la cual hacemos el ministerio es para hacer más perso-nas como nosotros?

Necesitamos recordar que cuando hablamos de salvar a las personas, estamos hablando de sanar, restaurar y redimir las cosas que están rotas. Dios es el que hase eso. Y muy a menudo, él escoge hacerlo a través de las cosas que hacemos o decimos. "Hacer más personas como nosotros" nunca puede ser la razón para el ministerio. El ministerio viene del amor a Dios y a las personas (mira el 5.1) y eso nos lleva a preguntar por qué hacemos lo que hacemos. Si nuestras vidas reflejan el amor de Dios, entonces los demás se sentirán impulsados a seguirle.

Imagina que seguir a Cristo es lo mejor que te haya pasado. ¿No te gustaría que otros tengan conocimiento de ello? ¿No te gustaría que las personas a tu alrededor conozcan sobre Cristo también? Puede ser beneficioso ver la salvación y redención como un proceso continuado. Sí, somos restaurados en y a través de Jesucristo. Pero al vivir en este mundo, cada día experimentamos el dolor de las relaciones rotas, los desafíos de la escuela o el trabajo, nuestra necesidad de amar y ser amados y mucho más. Así que cada día buscamos que Dios nos restaure y sane. Y cada día nuestro deseo de amar más nos inspirará y animará a mostrar ese amor a los que nos rodean. Y eso traerá restauración y sanidad a los que están a nuestro alrededor. Si lees las historias en los evangelios y en Hechos, ¿Puedes ver qué es lo que motivaba a Jesús a ministrar a las personas que le rodean? ¿Lo hacía para tener muchos seguidores? Echa un vistazo a Lucas 5:15-16.

¿Y qué es lo que motivaba a las personas a hablar a otros sobre Jesús? ¿Era simplemente para ser capaces de decir que había más personas en el grupo de los "seguidores de Jesús"? ¿O fue porque habían encontrado algo que había transformado sus vidas, que los había salvado, y querían que todos lo supieran (como la mujer en Juan 4)?

5.3 Dios está guiando el camino

P: A veces tengo la impresión que estoy haciendo muchas cosas para Dios como si Dios se estuviera tomando un descanso. ¿Dónde está Dios cuando yo, el grupo de jóvenes o la iglesia ministran?

Hay una estatua de Jesús en una iglesia en Soweto, Sudáfrica. Algunos pistoleros entraron durante los años del apartheid y tomaron al sacerdote, lo arrastraron hasta la estatua de Jesús y lo obligaron a mirar mientras disparaban a las manos de la estatua. Así que ahora, hay una estatua con los brazos abiertos, pero sin manos. Puedes ver las fotos en Internet (el nombre de la iglesia es Regina Mundi).

La estatua sin manos es una buena imagen de Jesús, Dios y de la man-era que él escoge obrar a través de nosotros. Somos sus manos y pies. Así que sí, cuando nosotros, como grupo de jóvenes, como iglesia o como individuos "ministramos" puede que parezca que lo hacemos nosotros por Dios y que él se está tomando un descanso.

¿Es esto cierto? Imagina que Dios está contigo todo el tiempo. Imagina que Él es aquel amigo tuyo, quien te acompaña cuando te ensucias las manos y limpias el jardín de tu vecina anciana. O que trabaja junto a ti cuando pintas las paredes de una escuela, o quien va contigo cuando visitas a alguien en el hospital. Cuando Jesús regresó al cielo, dijo a sus discípulos que él enviaría al Espíritu Santo para que los motive a testificar de Él (mira Hechos 1 para ver la historia completa). Y eso fue lo que hizo. Somos llamados a vivir nuestras vidas en comunión con Cristo. Su Espíritu Santo está obrando en nosotros y nos fortalece para servirle.

Entonces, ¿Qué tal si empezamos a mirar como obra en aquella viejita en la iglesia que trae flores para que el templo se vea lindo? ¿O quizás en el niño que danza mientras canta?

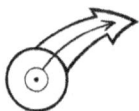

5.4 Somos sacerdotes de Dios

P: Creo que tengo unas buenas ideas para ayudar a los demás, pero no soy el pastor, ni el pastor de jóvenes, ni siquiera el líder de jóvenes. ¿Debería dejar-les que hagan su trabajo?

¿Puede alguien encontrar un pasaje en la Biblia que hable sobre el líder haciéndolo todo en la iglesia? El papel del líder no es el hacerlo todo. La iglesia está viva sólo cuando trabaja colectivamente. Es un cuerpo de creyentes llamados a ser UNO para ministrar juntos (Efesios 4:1-6). No temas ayudar a otros o compartir tus ideas con tus líderes. ¿Qué es lo que Pablo dice sobre el cuerpo de creyentes en 1 Corintios 12? Cada creyente tiene que hacer su parte.

La raíz de lo que significa ministrar es "cuidar de las necesidades" de las personas: estar activo en sanar y cuidar de las personas en necesidad. Creemos en el Dios que no vino para ser servido, sino para vivir una vida de servicio a otros (Mateo 20:25 hasta el final del capítulo). La vida cristiana se basa en amarnos unos a otros y amar a Dios. Por lo tanto, la raíz de todo ministerio esta en responder al llamado de amar a Dios y amarnos unos a otros.

Nosotros "ministramos" porque tenemos que ser personas formadas a la semejanza de Cristo, que se vació a sí mismo para beneficio de los demás (Filipenses 2:4-11). Como tales, nosotros debemos tratar a los que nos rodean como Él los trataría, con amor, respeto y cuidado. Cuando la iglesia vive de esta manera, apunta a la realidad de Dios y de Su amor por el mundo.

El apóstol Pablo usa la imagen de un cuerpo en 1 Corintios 12 para describir como todo aquel que es seguidor de Jesús es importante y lleno de dones. Él insiste que cada parte del cuerpo, cada uno de nosotros, es importante y que no hay partes "innecesarias" que puedan simplemente sentarse y mirar. Y cuando le escribe a Timoteo en 1 Timoteo 4, anima a su amigo para que tenga confianza y para que sea un ejemplo para los otros creyentes.

Así que esto es de partida doble – no tenemos excusa para "dejarlos que hagan su trabajo" a los líderes porque también es nuestra responsabilidad servir a Dios, servir a los demás, compartir las ideas que tenemos y encontrar maneras de poner esas ideas en práctica. No necesitamos un puesto o título para hacer esto. Pero al mismo tiempo, debemos hacerlo bien, de forma que sea un ejemplo – e inspire – a otros. De esta manera, ellos también empezarán a compartir sus ideas y nos ayudarán a encontrar maneras de ministrar usando nuestros dones.

Así que, ¿Quiénes son los que te ayudarán a convertir tus ideas en realidad? Espero que aquellos que tienen el "título" te acompañen y apoyen. Te sorprenderás al ver que encontraras personas que compartan tus ideas y te puedan ayudar a desarrollarlas junto a ellos. ¿Cómo podrían tus ideas, puestas en práctica, servir a otros y a su vez servir a Dios? ¿Cuál es tu motivación? ¿Tus ideas, puestas en acción, están construyendo el Reino de Dios? ¿Estás activamente involucrado en compartir Su amor con los que te rodean?

capítulo seis

MINISTERIO: A QUIEN MINISTRAMOS

6.1 A los perdidos
6.2 A los más pequeñitos
6.3 El uno al otro
6.4 Al mundo

por Kyle Himmelwright

6.1 A los perdidos

P: Jesús dice que vino a buscar y a salvar. Quiero seguir los pasos de Jesús, así que, ¿Cómo puedo hacer esto también?

Verdaderamente, Jesús vino para "buscar y salvar" a los perdidos. Por el poder de su Espíritu Santo, Dios en su misericordia busca a las personas para tener una relación con ellos, aún antes que ellos se den cuenta que Dios los está buscando. Cuando deciden entregar sus vidas a Dios, Dios es quien los salva. Nosotros no tenemos que "buscar y salvar" de esta manera. Lo que podemos hacer es vivir una vida semejante a Cristo siempre, para que cuando la gente nos vea, tengan una representación verdadera de quien es Jesús. Si dices, "quiero seguir los pasos de Jesús", ya lo estás haciendo.

El seguir los pasos de Jesús comienza cuando reconocemos que Cristo, como Hijo de Dios, es digno de ser seguido. Sin embargo, querer seguir a Cristo no es suficiente. Debemos entender primero quién fue Jesús en la tierra y por qué dejó sus pisadas donde las dejó. Lee uno de los tres primeros libros del Nuevo Testamento. ¿Dónde dejó Jesús sus pisadas? ¿Con quiénes decidió Jesús pasar su tiempo? Cuando respondemos a estas preguntas, entenderemos mejor dónde y con quiénes necesitamos andar.

Preguntas de discusión

1. ¿Por qué te ha puesto Dios donde te encuentras? ¿Con quiénes te relacionas?

2. ¿Cómo puedes mostrar el amor de Cristo de forma creativa a los que te rodean?

3. ¿Alguna vez has conocido a alguien y has pensado que están haciendo lo que deben estar haciendo? ¿Por qué lo pensaste? ¿Qué es lo que nos hace perfectos para cierto ministerio o trabajo?

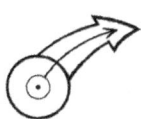

6.2 A los mas pequeñitos

P: Quiero que mis amigos sean salvos, pero ¿es el evangelismo el único ministerio que debo hacer?

Cada persona tiene una esfera de influencia, una esquinita de este gran mundo donde lo que decimos y hacemos afecta a las personas. Reconocer que tus amigos necesitan tener una relación con Cristo y que tú puedes marcar la diferencia es una interpretación bastante profunda.

También es profundo el darte cuenta que nuestro ministerio es más que simplemente evangelizar. Aquí es donde la iglesia entra en acción. Pablo, el primer misionero, comparó a la iglesia de Dios con el cuerpo humano. Cada parte debe cumplir con su parte para que el cuerpo funcione correctamente. Para descubrir cuál parte del cuerpo eres y a qué ministerio te está llamando, las siguientes cosas te ayudarán.

En primer lugar, puedes orar al respecto. Dios te ha dado dones únicamente para ti para que cumplas un propósito en particular. Este propósito no es algo que Él quiere mantener oculto, sino que Él quiere que tu lo busques. Cuando oramos, estamos buscando y encontramos lo que es mejor de Dios para nosotros.

En segundo lugar, piensa en los dones que Dios te ha dado particular-mente a ti. ¿Te es fácil hacer amigos? ¿Eres bendecido con habilidades musicales? ¿Eres particularmente exitoso en un área de tu vida? Si Dios te ha dado dones en un área particular de tu vida, quizás lo hizo para que le puedas ofrecer esa habilidad a Él para Su gloria y servicio.

Siguiente, pregunta a los que te conocen que dones para el ministerio ven en ti. A menudo, no podemos ver nuestros propios dones porque los demos por sentado como simplemente parte de quienes somos. Otras veces, tendemos a ser muy auto-críticos, no dando crédito a las cosas que Dios nos ha capacitado para hacer.

Finalmente, ofrécete como voluntario en diferentes ministerios para descubrir cuál es la pasión que Dios ha puesto en tu corazón. A menudo, no nos damos cuenta la maravillosa oportunidad de servicio que tenemos hasta que nos involucramos y lo experimentamos de primera mano.

Cuando buscamos la voluntad de Dios a través de la oración, reflexionando sobre nuestros dones particulares, conversando con otros y experi-mentándolos nosotros mismos, Él nos da claridad.

Preguntas de discusión

1. ¿Quiénes son "los más pequeñitos"?
2. ¿Con cuántos "pequeñitos" te relacionas regularmente?
3. ¿Cuáles son los dones que te has dado cuenta que posees?
4. ¿Cómo puedes usar tus dones para cumplir una parte de las responsabilidades del cuerpo (iglesia)?

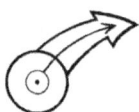

6.3 El uno al otro

P: A veces pienso que los cristianos no son muy buenos los unos con los otros y que deberían tratarse mejor. ¿Dice la Biblia algo sobre esto?

Puedes reconocer a un italiano por su idioma. Puedes reconocer a un policía por su uniforme. Puedes reconocer a un niño por su tamaño, y Juan

13:34-35 dice que puedes reconocer a un seguidor de Jesús por su amor. Como cristianos, somos llamados a amar más allá que a nuestras familiares y amigos inmediatos. En Su sermón del monte en Mateo 5, Cristo desafió a sus oyentes a amar aún a aquellos que los odian.

La Biblia es un gran libro, pero Cristo dijo que lo podemos resumir en dos idas principales: amar a Dios con todo lo que somos y amar a las personas con las que nos relacionamos tanto como nos amamos a nosotros mismos. Dios es amor (1 Juan 4:8) y Él lo demostró al dar a Su Hijo para morir por nosotros aún cuando estabamos pecando contra Él (Romanos 5:8)! Si la misma esencia de Dios es amor, ¿podemos llevar el nombre de "cristiano" si no somos capaces de amar a aquellos por los que Cristo murió?

Preguntas de discusión

1. ¿Qué es absolutamente necesario para alcanzar nuestro mundo para Cristo?

2. Al alcanzar a las personas, ¿Qué función tiene el templo de la iglesia? ¿y la Biblia? ¿un pastor ordenado? ¿la música? ¿una denominación? ¿el dinero?

3. ¿Cuántas de las disputas en la iglesia están centradas en cosas que no esenciales?

4. ¿Qué nos enseña Mateo 18:21-35 sobre el perdón?

6.4 Al mundo

P: Me siento más cerca de Dios cuando estoy en medio de la naturaleza, pero ¿a Dios le interesan las cosas cómo el medio ambiente y la extinción de los animales?

En el primer capítulo de la Biblia nos dice que después de completar su obra de arte, Dios detuvo para analizar los resultados y dijo que todo era "bueno". Desde el cielo, tierra y aguas que Dios separó y colocó en su sitio hasta los animales que caminan, nadan y vuelan, Dios estaba contento con todo lo que creó. Y con Adán y Eva, Dios estaba muy contento. En Su infinita sabiduría, Dios creó un balance en toda la existencia donde los animales que no pueden nadar tienen tierra para caminar y donde tienen comida suficiente para vivir. Los peces tienen el agua, y para las aves creó el aire. Había millones de organismos y fueron especialmente unidas en una gran obra de arte que sólo Dios el creador pudo haber hecho. El capítulo uno de Génesis muestra a Dios dándole a Adán y a Eva una, y sólo una, instrucción: cuidar Su creación.

Cada vez que los humanos destruyen un habitat natural para construir la próxima avenida o centro comercial, estamos arruinando el delicado balance y el orden natural de la obra de arte del Creador. Cuando preferimos usar y tirar en lugar de reciclar, cuando preferimos nuestra conveniencia en lugar del sostenimiento y cuando consumimos antes que la creación pueda producir, estamos distorsionando la creación de Dios como si pintáramos una gran X en el medio de la "Mona Lisa" de Leonardo da Vinci.

Tal como un gran pintor firma su obra de arte, "los cielos cuentan la gloria de Dios, y el firmamento anuncia la obra de sus manos" (Salmos 19). En otras palabras, sabemos algo sobre Dios porque hemos visto y podemos ver Su obra.

Pablo entendió que la creación es realmente un testimonio mudo de Dios. Él escribe, "porque las cosas invisibles de él, su eterno poder y deidad, se hacen claramente visibles desde la creación del mundo, siendo entendidas por medio de las cosas hechas, de modo que no tienen excusa" (Romanos 1:20). Cuando dejamos de cuidar Su creación, no sólo estamos mostrando desinterés por Su naturaleza creativa, sino que estamos distorsionando Su propia revelación personal.

Preguntas de discusión

1. Si Dios se detuviera de nuevo y re-analizara Su creación, ¿sería todo bueno?

2. Cuando miramos la creación de Dios, ¿Dónde podemos ver a Dios?

3. Lee Mateo 10:29. ¿Qué nos dice este versículo sobre cuánto le importa a Dios Su creación?

4. Lee Colosenses 1:19-20. ¿Cristo está planeando reconciliar solo al ser humano consigo mismo o es Su reconciliación más inclusiva?

www.ingramcontent.com/pod-product-compliance
Lightning Source LLC
Chambersburg PA
CBHW020442030426
42337CB00014B/1358